미래 직업 한 바퀴

다 같이 돌자

글 박주혜
2012년 문화일보 신춘문예에 〈승리초등학교 5학년 2반 이기자 여사님〉이 당선되면서 작가 활동을 시작했습니다. 《변신돼지》로 제6회 비룡소 문학상 대상을 받았습니다. 그동안 지은 책으로 《똥에서 탈출한 냄깨비》《특별한 동물원》《책가방 토끼》《오늘은 최고의 날》 등이 있습니다. 매일 엉뚱하고 행복한 상상을 할 수 있어서 동화작가라는 직업이 참 마음에 듭니다.

그림 이경석
재미난 그림으로 세상을 좀 더 유쾌하게 만들고 싶어하는 만화가이자 일러스트레이터입니다. 《개화 소년 나가신다》《트랙터 삼촌 리어카 타고 어디 가요?》《난 노란 옷이 좋아!》《한밤의 철새통신》《못찾겠다 소사만!》《신선대 애들》《신에게는 아직 12척의 배가 있습니다》《비밀 투표와 수상한 후보들》《옛날 도구가 뚝딱! 현대 도구가 척척!》《교실로 돌아온 유령》《한글 탐정 기필코》《화분맨! 삼분이를 지켜 줘》《어린이들의 한국사》 등에 그림과 만화를 그렸습니다.

미래 직업 한 바퀴

다 같이 돌자

박주혜 글 | 이경석 그림

주니어김영사

식탁 위에 먹음직스러운 과일이 놓여 있었어요.
아침을 먹으러 나온 환이는 어리둥절한 얼굴로 물었지요.
"엄마, 웬 과일이에요?"
"할아버지께서 보내 주신 '아주 특별한 과일'이야."
엄마가 바나나와 키위를 환이에게 건네며 말했어요.
환이는 눈을 크게 뜨고 과일을 구석구석 살펴보았어요.

환이의 할아버지는 **약제 농업 전문가**예요.
약제 농업 전문가는 유전 공학 기술을 이용하여
특수한 약효가 있는 농작물을 만들어요.
할아버지가 만든 바나나에는 아토피 치료 성분이,
키위에는 독감 예방 성분이 들어 있지요.

 # 약제 농업 전문가는 이런 일을 해요

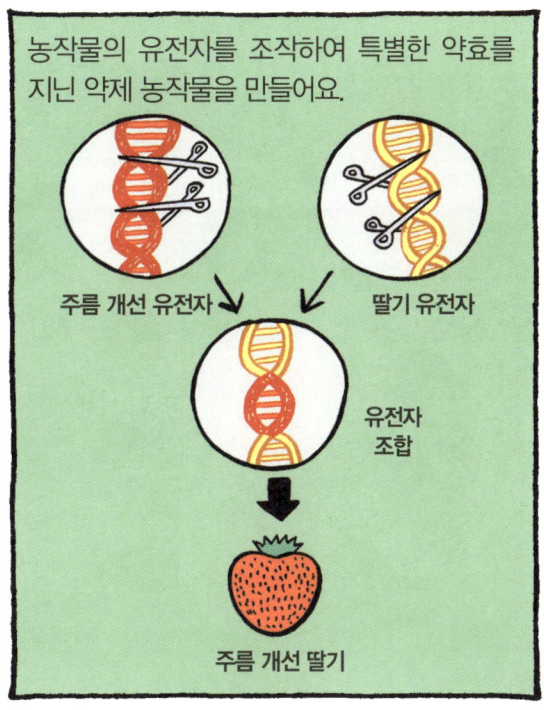

남은 과일을 냉장고에 넣자 냉장고의 온도가
과일을 보관하는 데에 적당한 온도로 바뀌었어요.
환이네 집에서는 자동으로 이루어지는 게 많아요.
침대에 누우면 저절로 형광등이 꺼지고,
커피를 달라고 말하면 커피 기계가 커피를 만들지요.
"여보. 새로운 인공지능 샤워기가 개발됐는데,
목욕을 시켜 주는 샤워기래요."
"저것만 있으면 씻기 싫어하는 환이도 깨끗해지겠네?"
아빠와 엄마가 웃으며 말했어요.

"저도 갖고 싶은 인공지능이 있어요."
"어떤 인공지능?"
아빠와 엄마가 물었어요.
"내 숙제를 알아서 다 해 주는 인공지능이요."
환이는 인공지능을 개발하는 **인공지능 전문가**가 숙제를 해 주는 인공지능을 개발해 주면 좋겠다고 생각했어요.

 ## 우리 생활 속의 인공지능을 찾아보아요!

사람의 움직임을 감지하여 조명이 켜지거나, 문이 열려요.

실내 온도에 따라 자동으로 에어컨이나 보일러가 작동을 해요.

인공지능 스피커를 통해 말로 간편하게 음악을 듣거나, 통신망에 연결된 다른 가전 제품을 제어할 수 있어요.

환이가 방으로 들어가자 환이의 로봇 친구인
도봇이 환이에게 인사를 하며 반겼어요.
도봇은 환이가 어렸을 때부터 함께한 친구예요.
평소 환이의 곁에서 많은 것을 도와주지요.

도봇의 화상 화면에 담임 선생님의 모습이 나타났어요.
"환아, 좋은 아침! 오늘은 체험 활동을 하는 날이야.
어떤 곳이든 좋지만, 꼭 처음 가 보는 장소여야 해!"
환이는 정해진 날에만 학교를 가고 나머지 날은
집에서 화상으로 수업을 하거나 체험 활동을 해요.

환이는 체험 활동을 가기 전에 집 근처에 있는 로봇 관리소에 들렀어요.
"환이랑 도봇 왔구나! 그동안 특별히 이상한 점은 없었지?"
로봇 기술자인 은이 누나가 환이와 도봇을 반겨 주었어요.
로봇 기술자는 로봇을 만들거나, 고장 나면 고치기도 하는 전문가예요.
은이 누나는 도봇을 구석구석 살폈어요. 고장이 난 곳은 없는지,
다른 기능을 추가할 것은 없는지 살펴보았지요.
"이건 새로 나온 최신 프로그램이야."
도봇에게 새로운 프로그램을 설치하여 성능을 높여 주었어요.

 ## 오늘날 우리 생활 속에는 어떤 로봇이 있을까요?

커피 전문점에 있는 바리스타 로봇은 한 시간에 100잔 정도의 커피를 만들 수 있어요.

공항, 터미널에 있는 로봇은 여러 나라의 언어를 할 수 있어 외국인에게 정보를 제공하고, 자동으로 청소를 해요.

농촌에 있는 수확 로봇은 카메라로 작물의 크기와 숙성 정도를 분석해 상품성 있는 열매만을 자동으로 수확해요.

목장에 있는 로봇 포유기는 송아지에게 자동으로 젖을 주고, 건강 상태를 관리해 줘요.

환이는 도도시에 있는 '위기 탈출 동물원'에 가기로 했어요.
위기 탈출 동물원에는 멸종 위기에 처한 동물들이 살고 있지요.
환이는 위기 탈출 동물원에 가기 위해 무인 자동차를 기다렸어요.
길거리에는 빛으로 화면을 보여 주는 홀로그램이 많았어요.
저쪽 홀로그램에서는 유명한 가수가 노래를 하고, 춤을 췄어요.
실제로 가수가 눈앞에 있는 것 같았지요.

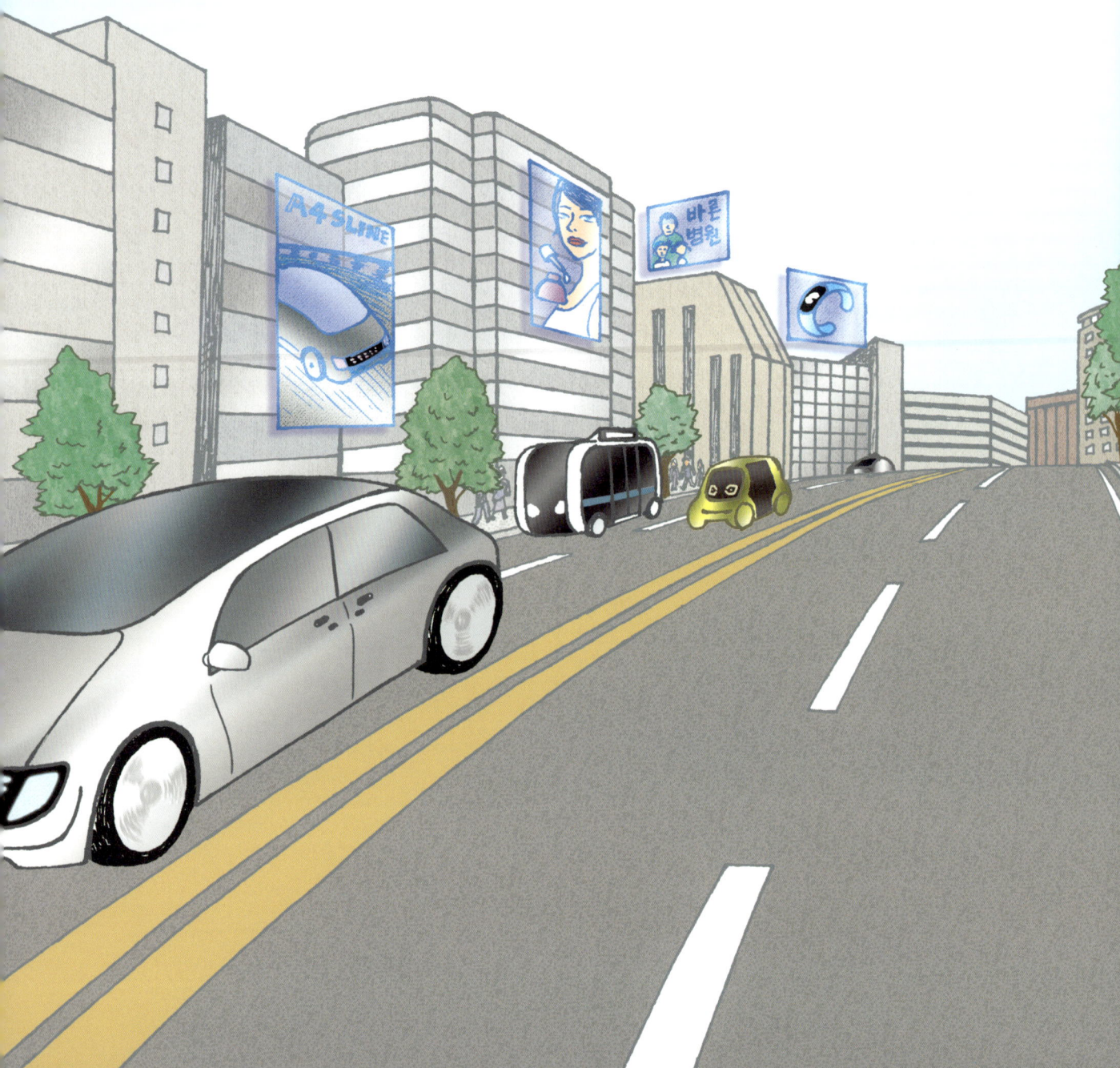

"멍멍!"
강아지가 짖는 소리에 두리번거리며 주변을 살펴보았어요.
홀로그램 강아지와 산책을 하고 있는 사람이 보였어요.
홀로그래피 기술자가 만든 새로운 홀로그램이었지요.

그때 환이의 눈앞에 홀로그램이 펼쳐졌어요.
캄캄한 공간에 무척 환한 빛이 갑자기 나타났다 사라지더니,
반짝이는 모래를 뿌려놓은 듯 빛나는 것이 보였지요.
저 멀리에는 남극의 빙하 같은 얼음산이 보였고,
이상한 모양의 바위들도 보였어요.
"와! 이건 꼭 우주 같은데."
환이가 중얼거렸어요.

 ## 우리 생활 속 홀로그래피 기술을 찾아보아요!

박물관의 입체 전시물이나, 공연장의 무대 위에서 화려한 효과를 보여 줄 때 쓰여요.

백화점에서 옷을 직접 입어 보지 않아도, 입었을 때 어떤 모습인지 알 수 있게 해 줘요.

교육이나 발표 현장에서 생생한 정보를 전달하는 데에 쓰여요.

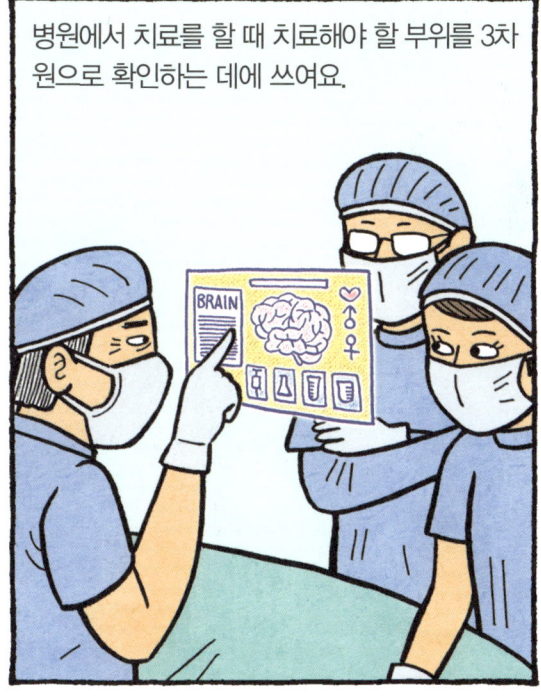

병원에서 치료를 할 때 치료해야 할 부위를 3차원으로 확인하는 데에 쓰여요.

"환아!"
홀로그램 속에서 친구, 웅이가 나타났어요.
웅이는 우주복을 입은 채 둥둥 떠다니고 있었어요.
"잘 보이니? 난 우주로 가족 여행을 왔어. 너에게도 우주의 모습을 보여 주고 싶어서 홀로그램 영상으로 전화를 걸었어!"
웅이가 신난 목소리로 말했지요.
"웅이 학생! 이제 다음 장소로 이동해야 해요!"
웅이 뒤에서 우주 여행을 안내해 주는 **우주 여행 가이드**가 말했어요.

 ## 우주 여행 가이드는 이런 일을 해요!

우주 여행을 가려는 사람들이 우주 환경에 적응할 수 있게 도와주어요.

우주선을 조종하는 법을 알려 주어요.

여행객들이 안전하게 우주 여행을 할 수 있게 도와줘요.

우주 여행을 다녀온 사람들이 아픈 곳은 없는지 검사를 해요.

"빵빵!"
그때 환이가 부른 무인 자동차가 도착했어요.
환이는 자동차 번호를 확인하고, 도봇과 차에 올랐어요.
"무인 자동차를 이용해 주셔서 감사합니다.
탑승하신 가-365 무인 자동차는 전문 정비사에게
검사를 받은 차량으로 매우 안전합니다."
안내 화면에서 **무인 자동차 정비사**가 자동차를
구석구석 점검하는 모습이 영상으로 나왔어요.

"위기 탈출 동물원."
목적지를 말하자 화면에 가는 길이 나타났어요.
"출발!"
환이가 소리쳤지만, 무인 자동차는 출발하지 않았어요.
"안전띠를 매야 출발해요."

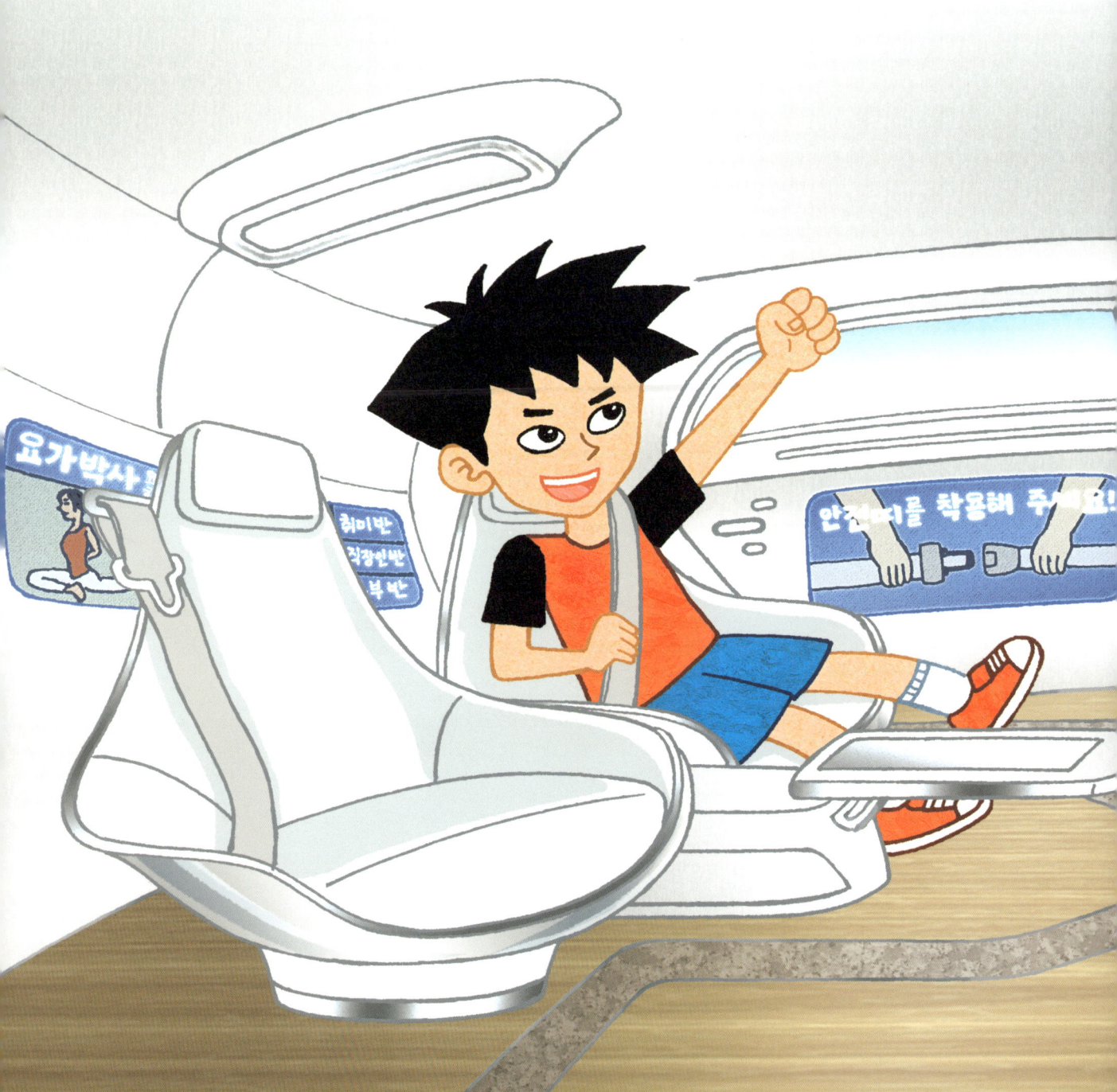

도봇의 말에 안전띠를 매자 무인 자동차가 움직이기 시작했어요.
"드디어 출발!"
환이가 신이 나서 팔을 번쩍 들며 외쳤어요.
도봇도 환이를 따라 팔을 번쩍 올렸지요.

 무인 자동차에는 어떤 기능이 있을까요?

무인 자동차는 무선 네트워크 서비스를 이용하여 도로 상황을 파악해요.

앞 차와 안전거리를 유지하며 안전하게 달리지요.

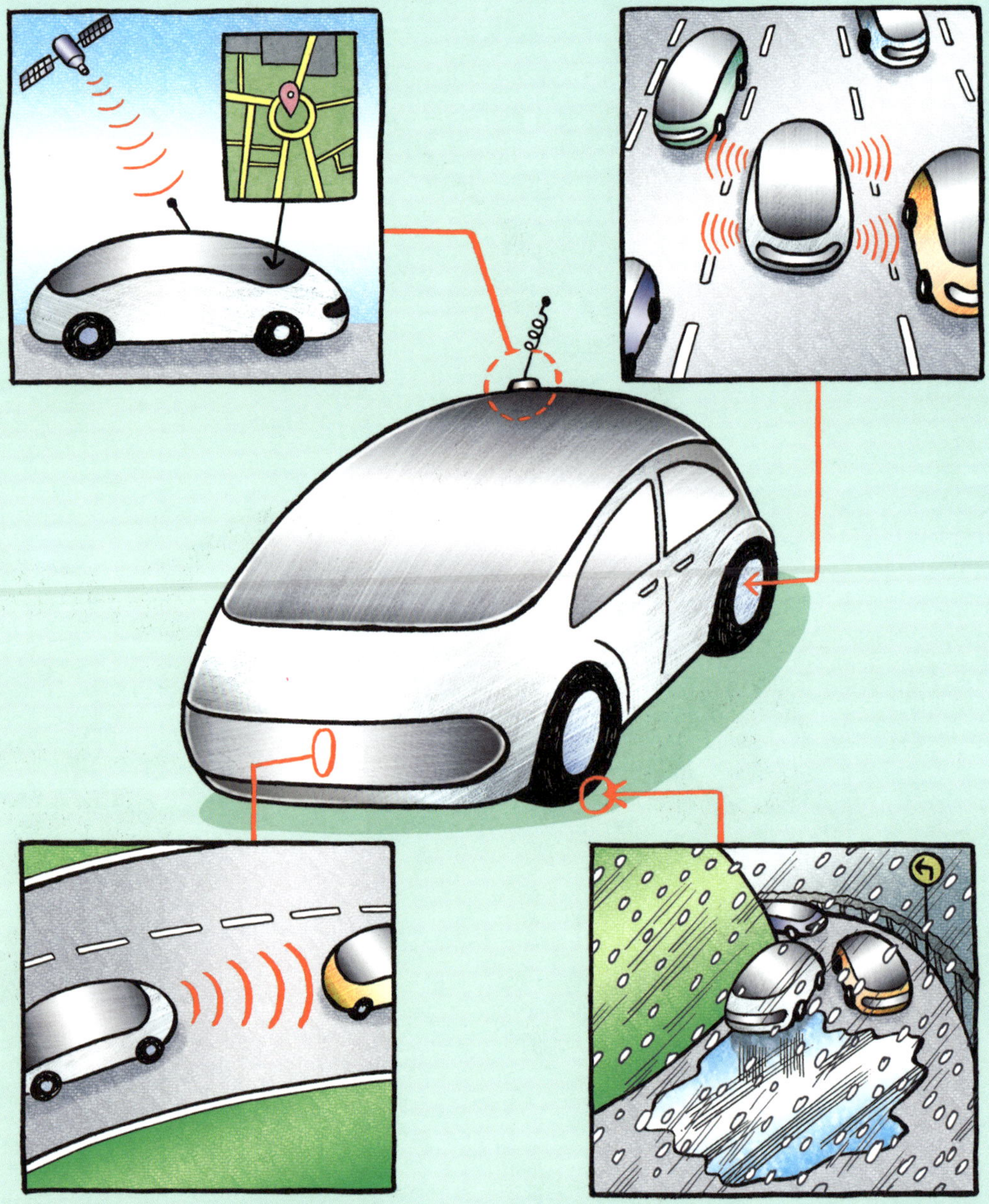

정해져 있는 차선을 벗어나지 않도록 차선 이탈 방지 기능도 갖추고 있어요.

눈이나 비가 오는 날에는 자동으로 속력을 조절하면서 달려요.

무인 자동차가 한참을 달려 산속의 도로로 들어갔어요.
후두둑! 후두둑!
조금씩 떨어지던 비가 굵어지기 시작했어요.
쏴아아!
하늘에 구멍이 뚫린 것처럼 많은 비가 쏟아졌어요.
환이는 걱정스레 창밖을 내다보았어요.
"방금까지 맑았는데, 갑자기 왜 비가 내리지?"

"뉴스 속보입니다."
무인 자동차의 안내 화면에서 뉴스 속보가 나왔어요.
"현재 도도시에 많은 비가 쏟아지고 있습니다.
반면 미미시는 온도가 급격히 상승했습니다.
갑작스러운 기후 변화에 **날씨 조절 관리자**는 원인을 분석 중이며,
날씨 변경 감시 경찰은 각 도시의 비와 흙을 증거로 수집했습니다.
비와 흙의 성분을 조사하면 불법적인 날씨 변경이 있었는지
알아낼 수 있을 것으로 보입니다."

 ## 날씨 조절 관리자와 날씨 변경 감시 경찰은 이런 일을 해요!

날씨 조절 관리자는 특별한 약품을 구름에 뿌려서 비를 내리게 하거나, 비가 많이 오는 곳의 구름은 다른 곳으로 이동시키기도 해요.

날씨 변경 감시 경찰은 무인 비행기로 하늘을 정찰하며 누군가 날씨를 바꾸는지 감시해요.

이상 기후가 나타난 지역에 직접 출동하여 흙과 비의 성분을 조사하여 기후 변화 원인을 찾아내요.

위기 탈출 동물원에 도착하자 날씨가 다시 맑아졌어요.
환이와 도봇은 정문을 지나 동물원 안으로 들어갔어요.
"사슴인가? 노루인가? 정말 예쁜 눈을 가졌어.
엉덩이에 특이한 반점이 있는걸?"
"저건 사향노루예요.

사향노루는 특별한 향이 나는 사향샘을 가지고 있어요.
사람들은 사향노루를 잡아서 죽이고, 사향샘만 빼앗았어요.
그래서 지금은 사향노루를 쉽게 만날 수 없어요."
환이가 동물에 대해 물으면, 도봇은 그 동물에 대해 알려 주었어요.

"대박! 저쪽에 늑대가 모여 있어!"
늑대를 실제로 처음 본 환이는 자기도 모르게 크게 소리쳤어요.
"한국 늑대예요.
일제 강점기 때 사냥을 당해 많은 수가 죽었지요.
그 이후에는 사람들이 자연을 개발하면서 남은 늑대들도 살 곳을 잃거나,
먹을 것을 구할 수 없어서 그 수가 많이 줄었어요."

환이는 도봇의 이야기를 들으며
반달가슴곰, 흰꼬리수리, 꽃사슴, 바다사자, 저어새 등
이제는 자연 속에서 보기 힘든 희귀한 동물들을 구경했어요.
"여기 진짜 멋지다!"
환이는 전설 속의 동물을 본 것처럼 심장이 쿵쾅쿵쾅 뛰었어요.

위기 탈출 동물원 안에 있는 '멸종 위기 동물 연구소'에 도착했어요.
때마침 문이 열리고, 하얀 가운을 입은 형이 나왔어요.
"여기는 어떤 곳이에요?"
"나와 같은 **종 복원 전문가**들이 멸종 위기에 처한 동물들이
살 수 있는 환경을 만들어 주고 새끼를 낳아 종족을
보존할 수 있게 도와주는 곳이지."
연구소 안에는 많은 종 복원 전문가들이 있었어요.
동물들이 사는 지역의 생태계를 연구하거나,
갓 태어난 새끼 동물을 돌보기도 했지요.

# 종 복원 전문가가 되려면 어떤 능력이 필요할까요?

수의학, 축산학, 생물학, 유전 공학 등을 공부해야 해요.

다양한 동물들의 특성과 사육 및 관리 기술을 익혀야 해요.

동물과 대면하는 직업이기 때문에 강인한 체력과 인내심이 있어야 해요.

위기 탈출 동물원의 인기 코너!
모든 관람객이 그냥 지나치지 못하는 그곳!
환이와 도봇은 기념품 가게 앞에 섰어요.
이곳에서는 동물원에서 본 동물의 3D 도면을 판매했어요.
동물의 3D 도면을 파일로 구매하면,
집에서 3D 프린터로 동물 모형을 만들 수 있었지요.

"오늘 만난 동물 중 마음에 드는 동물을 선택하세요.
특정한 무늬나 글귀도 넣어 설계해 드려요!"
'3D 도면 설계자' 누나가 다양한 동물의 모형을 보여 주었어요.
"저는 사향노루요!"
3D 도면 설계자 누나는 환이가 고른
사향노루 도면 파일이 저장된 칩을 주었어요.

 3D 프린팅은 어떻게 이루어지는 것일까요?

3D 프린터로 출력할 물건의 도면을 컴퓨터에 입력해요.

출력할 물건을 만드는 데 쓰이는 재료를 3D 프린터에 넣어요.

3D 프린터 안의 선반이 조금씩 내려가면서 재료를 쌓아 올리고, 빛으로 굳혀가면서 물건을 만들어요.

완성된 물건의 겉을 다듬고, 색을 입혀요.

"휴, 너무 더운데?"
갑자기 더워진 날씨에 환이와 도봇은 나노 섬유 가게로 향했어요.
"어서 오세요. 나노 섬유 옷가게에 오신 걸 환영해요."
특이한 옷을 입은 남자가 환이와 도봇을 맞아 주었지요.
"안녕하세요? 저는 **나노 섬유 디자이너**, 팍이에요."

"저는 모든 옷을 나노 섬유로 만듭니다.
그래서 옷을 입으면 날씨가 더워도 땀을 많이 흘리지 않아요."
"우아! 정말로요?"
환이가 신기해하며 디자이너에게 물었어요.
"나노 섬유가 몸의 체온을 일정하게 조절해 주지요."
환이는 디자이너 팍이 추천해 주는 옷 중 하나를 골랐어요.

나노 섬유는 어떤 분야에 쓰일까요?

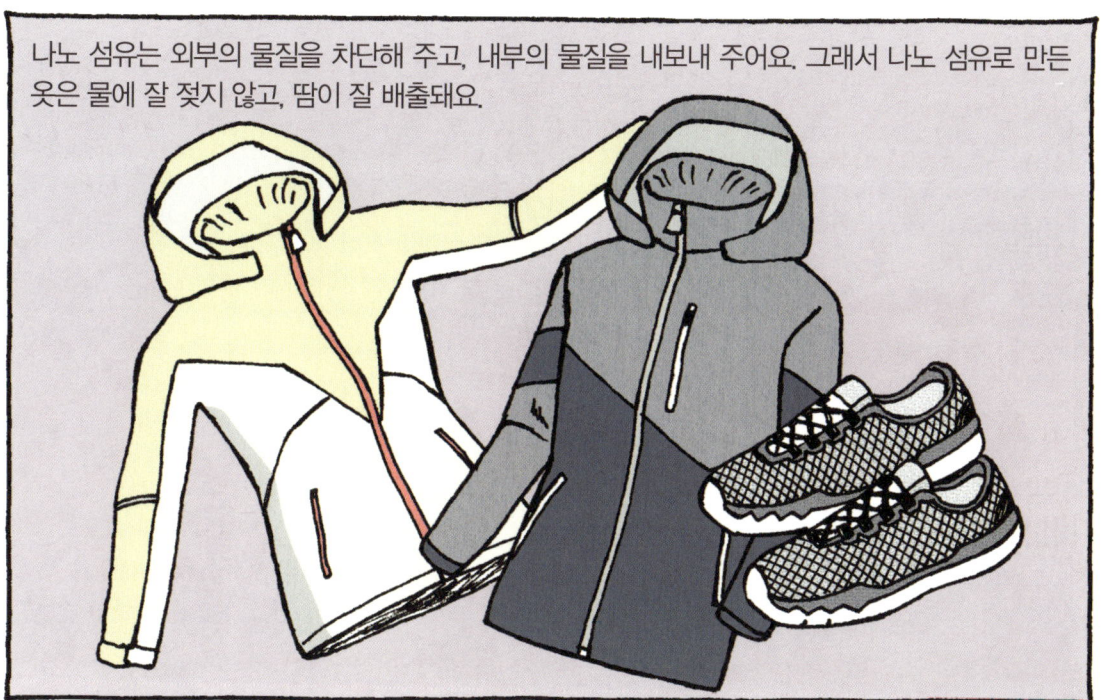

나노 섬유는 외부의 물질을 차단해 주고, 내부의 물질을 내보내 주어요. 그래서 나노 섬유로 만든 옷은 물에 잘 젖지 않고, 땀이 잘 배출돼요.

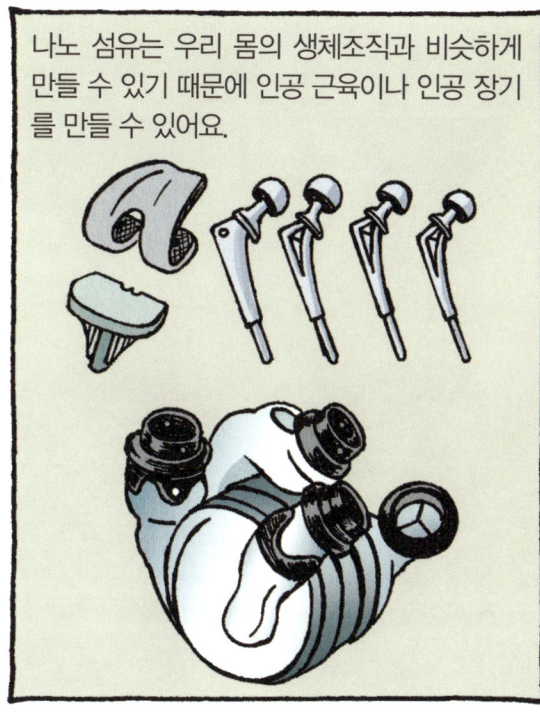

나노 섬유는 우리 몸의 생체조직과 비슷하게 만들 수 있기 때문에 인공 근육이나 인공 장기를 만들 수 있어요.

나노 섬유는 기체나 액체 속의 이물질을 분리하는 여과력이 높아 정수기와 공기청정기 등의 제품에도 쓰여요.

"환이야, 잘 다녀왔니?"
저녁을 준비 중이던 엄마가 환이를 반갑게 맞아 주었어요.
엄마는 처음 보는 음식 재료를 다듬고 있었어요.
"엄마, 이건 뭐예요?"
"양파늘과 고추송이!"
엄마는 특이한 모양의 채소와 빨간색 버섯을 보여 주었어요.
양파늘은 양파와 마늘이 반반씩 섞인 것이고,
고추송이는 매콤한 고추와 버섯이 합쳐진 것이었지요.
"으, 왠지 맛이 없을 것 같아요."
환이는 양파늘과 고추송이를 보며 인상을 찌푸렸어요.

엄마는 양파늘과 고추송이를 넣은 카레를 만들었어요.
환이는 망설이다가 입에 넣었어요.
아삭아삭 달콤한 양파늘과 말캉말캉 매콤한 고추송이의
향긋한 맛이 입안 가득 퍼졌어요.
"우아! 진짜 맛있어요!
이렇게 맛있는 재료는 어떻게 만든 거예요?"
"다양한 재료를 결합하여 새로운 작물을 만드는
식품 융합 기술자가 개발한 재료란다."
엄마가 윙크를 하며 알려 주었어요.

 # 새로운 식재료는 이렇게 만들어요!

"딩동!"
밖에 나가 보니 공중에 상자가 둥둥 떠 있었어요.
"안녕하세요? 여기가 환이네 집이 맞나요?
주문하신 물건을 가지고 왔습니다."
상자를 들고 있는 드론에서 목소리가 흘러나왔어요.
멀리 떨어진 사무실에서 드론을 조종하고,
관리하는 **택배 드론 관리자** 아저씨였지요.
"네, 맞아요."
엄마의 말에 드론은 물건을 내려 놓고
하늘로 날아갔어요.

저녁을 먹은 뒤 환이는 텔레비전을 틀었어요. 텔레비전에서는 **나노 의학 전문의**가 새로운 나노 의학 기술을 사람들에게 설명해 주었지요.

"새로 나온 나노 머신은 사람의 혈관 속을
돌아다닐 수 있을 정도로 매우 작고 정교합니다.
그래서 혈관을 막고 있는 나쁜 성분을 캐내거나,
망가진 세포만 골라서 치료할 수 있습니다."

환이는 텔레비전을 보며 얼마 전 나노 의학 전문의에게
수술을 받은 할머니가 떠올랐어요.
그때 할머니는 병문안을 온 환이에게 웃으며 이렇게 말했지요.
"기계가 내 몸속을 들어왔다가 나갔다는데,
너무 작은 기계라서 그런지 아무런 느낌이 없더구나."

 나노 의학 기술은 어떤 도움을 줄까요?

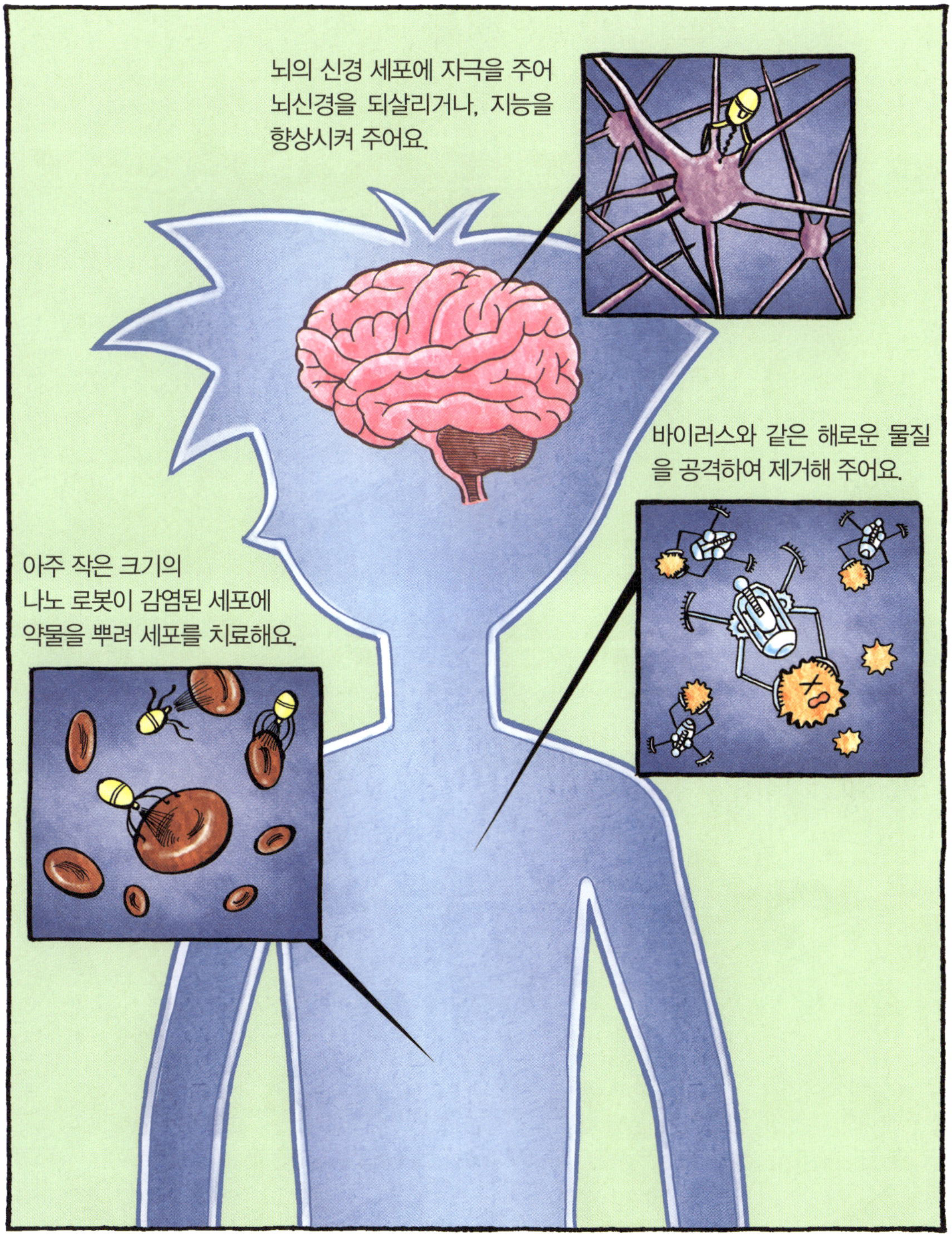

뇌의 신경 세포에 자극을 주어 뇌신경을 되살리거나, 지능을 향상시켜 주어요.

바이러스와 같은 해로운 물질을 공격하여 제거해 주어요.

아주 작은 크기의 나노 로봇이 감염된 세포에 약물을 뿌려 세포를 치료해요.

"딩동!"
"아빠 오셨어요?"
벨소리에 환이가 현관문으로 달려갔어요.
"안녕하세요? 에너지를 수거하러 왔습니다."
에너지를 관리하고, 집에서 만든 에너지를 수거하는
에너지 관리 공무원이었어요.
에너지 관리 공무원 아저씨는 에너지가 저장되는
저장소에 수거 장치를 꽂아 에너지를 수거했어요.
저장소의 에너지는 환이의 집에 설치되어 있는
태양열 발전기와 풍력 발전기로 만든 것이었지요.

"참! 제 소켓볼도 있어요!"
환이는 친구들과 축구를 할 때 쓰는 소켓볼을 가지고 나왔어요.
소켓볼은 구를 때마다 저절로 전기 에너지를 만들어
저장하는 특수한 공이지요.
환이는 평소 친구들과 축구를 하며 모은
전기 에너지로 도봇의 건전지를 충전했어요.
그리고 남는 에너지는 에너지 관리 공무원 아저씨에게 주었어요.
에너지 관리 공무원 아저씨는 이렇게 수거한 에너지에 대한 비용을
한 달에 한 번씩 환이의 가족에게 돌려주었지요.

# 미래의 에너지 관리 공무원은 이런 일을 해요!

집이나 시설물의 전기, 가스 기구 등의 안전을 점검해요.

에너지를 절약할 수 있는 여러 장치들을 연구, 개발해요.

전기 사용량이 표시되는 콘센트

변기 물 수력 발전기

실내 패달 발전기

가정에서 태양열이나 바람을 이용해 생산한 전기 에너지를 수거해요.

전기 에너지를 수거한 가정의 전기 요금을 할인해 주어요.

뉴스에서 낮에 있었던 날씨 변화 사건이 나왔어요.
"사람의 욕심이 이런 나쁜 결과를 가져왔습니다.
도도시에서 자신들의 사업을 위해 비를 원했던 일부 사람들이
불법으로 옆 마을의 구름을 훔쳤습니다.
문제는 너무 많은 구름을 훔쳤다는 것입니다.

도도시에는 폭포 같은 비가 쏟아졌고,
미미시에는 뜨거운 햇빛만 쏟아졌습니다.
갑작스러운 기후 변화 때문에 각 도시와 주변 도시의 피해가 매우 큽니다.
이와 관련해 **세계 윤리 관리자**의 의견을 들어 보겠습니다."
뉴스 아나운서는 세계 윤리 관리자를 소개했어요.

"아빠다!"
환이의 두 눈이 휘둥그레졌어요.
"우리가 날씨를 조절할 수 있는 능력을 가졌다 하더라도,
욕심을 부리면 큰 재앙을 불러올 수 있습니다.
나만 생각하는 이기적인 마음이 아니라 다 같이 행복하게 사는 것,
우리는 이 마음을 잊어서는 안 될 것입니다."
"네 아빠, 오늘 좀 멋지다. 그치?"
엄마가 텔레비전을 보며 말했어요.
"네! 세계 윤리 관리자가 저렇게 멋진 일을 하는 줄 몰랐어요."

어떻게 해야 세계 윤리 관리자가 될 수 있을까요?

여러 나라의 문화를 이해하기 위해 윤리학, 철학, 종교 등을 공부해야 해요.

세계 여러 사람들과의 원활한 소통을 위해 다양한 언어를 익혀야 해요.

세계 여러 나라를 오고 갈 수 있는 건강한 신체와 체력을 갖추어야 해요.

많은 사람들에게 기본 윤리를 잘 알려줄 수 있도록 발표 능력도 갖추어야 해요.

드르륵 드르륵.
환이의 방에 있는 3D 프린터에서 사향노루의 모형이 나왔어요.
동물원에서 보았던 모습과 똑같았어요.
환이는 숙제를 다 하고 일기를 펼쳤어요.
그리고 오늘 하루를 떠올리며 일기를 썼어요.

9 월 30 일 금 요일	
 일어난 시각 6 시 00 분	 잠자는 시각 10 시 00 분

오늘 하루를 보내면서 세상에는 참 여러 사람이 있는 것

같다는 생각이 들었다.

로봇을 살펴 주는 로봇 기술자 누나도 있고,

우주에 간 웅이와 웅이네 가족을 안내해 주는

우주 여행 가이드 누나도 있다.

그리고 멸종 위기에 처한 동물을 살리기 위해 노력하는

종 복원 전문가 형도 있다.

나는 커서 어떤 사람이 될까?

아빠처럼 멋진 세계 윤리 관리자가 될까?

아니면 우리 할머니를 치료해 준 나노 의학 전문의가 될까?

어떤 사람이 될지 정말로 궁금하다.

오늘의 중요한 일	오늘 착한 일
오늘의 반성	내일의 할일

하루 동안 만난 미래의 직업들

약제 농업 전문가
몸에 좋은 약제 성분이 들어 있는 특별한 농작물을 만들어요. 또한 농작물이 잘 자랄 수 있는 최적의 환경을 연구하기도 해요.

인공지능 전문가
사람의 말을 이해하고, 스스로 생각하고, 행동을 할 수 있는 프로그램을 개발해요. 언제나 사람들이 더 편한 생활을 할 수 있게 고민해요.

로봇 기술자
다양한 용도의 로봇을 연구하고 만들어요. 로봇이 움직이는 데 필요한 프로그램을 만들기도 하고, 로봇이 고장 나면 고치기도 해요.

홀로그래피 전문가
현실과 똑같아 보이는 홀로그램 영상을 만들어요. 홀로그램 영상은 일상생활, 학교, 통신 등 다양한 분야에서 활용될 수 있어요.

우주 여행 가이드
우주 여행을 하는 사람들이 우주에 잘 적응할 수 있도록 돕고, 안전하게 우주로 데려가요. 또한 다시 지구로 돌아왔을 때 사람들이 아픈 곳은 없는지도 살피지요.

무인 자동차 정비사
운전자가 없어도 스스로 달리는 무인 자동차를 관리하거나, 도로의 상황을 판단해 자동차가 안전하게 움직이는 프로그램을 만들어요. 다양한 상황 속에서 자동차가 제대로 움직이는지 꼼꼼하게 확인해요.

날씨 조절 관리자와 날씨 변경 감시 경찰
날씨 조절 관리자는 여러 가지 장비를 이용해 날씨를 조절하고, 급격한 기후 변화로 생기는 피해를 막기 위해 노력을 해요.

날씨 변경 감시 경찰은 불법으로 날씨를 조절하는 사람들을 감시하고, 이상 기후가 나타나면 직접 출동해 조사를 하지요.

종 복원 전문가
멸종 위기에 놓인 야생 동물과 식물들이 안전하게 살아갈 수 있도록 도와줘요. 또 멸종된 동물의 DNA를 연구하여 사라져 버린 동물들을 되살리는 일을 하지요.

3D 도면 설계자
3D 프린터로 물건을 만들 때 필요한 3D 도면을 만들어요. 3D 도면을 3D 프린터에 입력하면 집에서도 다양한 물건을 만들 수 있어요.

나노 섬유 디자이너
온도 조절이 뛰어난 나노 섬유를 다양한 디자인으로 만들어요. 또한 나노 섬유를 이용하여 예쁜 옷과 신발, 액세서리를 만들기도 해요.

식품 융합 기술자
영양이 풍부하고, 요리하기 편한 새로운 작물을 개발해요. 품질 좋은 작물을 만들기 위해 여러 실험을 반복하고, 직접 작물을 키우기도 해요.

택배 드론 관리자
택배 드론이 물건을 안전하게 배송하고 돌아오기까지의 모든 과정을 관리하고, 드론의 점검과 수리하는 일을 해요.

나노 의학 전문의
나노 기술로 환자를 치료하는 일을 해요. 현미경으로만 볼 수 있는 아주 작은 기계를 사람 몸속에 넣어 수술을 하지 않고 아픈 곳을 치료해요.

에너지 관리 공무원
사람들이 만들고, 사용하는 에너지를 관리해요. 사람들이 일상생활을 하면서 만든 여분의 에너지를 수집하고, 모은 에너지를 '한국 전력 공사'로 보내요.

세계 윤리 관리자
각각 사는 환경, 문화, 생활 방식이 다른 세계 사람들이 서로를 이해하고 행복하게 살아갈 수 있는 올바른 기준을 제시하는 일을 해요.

작가의 말

어렸을 때와 달라진 세상을 살면서

　어렸을 때 제가 살던 동네에는 커다란 트램펄린이 있었어요. 학교 수업이 끝나면 친구들과 함께 트램펄린을 타러 갔어요. 트램펄린 주인아저씨는 30분에 500원을 받았지요. 우리는 양말 바닥이 새카맣게 변할 때까지 트램펄린 위에서 하늘을 향해 뛰었어요. 그렇게 뛰다 보면 그날 선생님께 혼났던 일, 친구와 다투어서 속상했던 일은 훨훨 날아가 버리곤 했지요.
　겨울이 되면 길거리에는 군고구마 장수들이 나왔어요. 뜨거운 불을 머금은 커다란 통 안에는 맛있게 익어가는 고구마들이 가득했지요. 군고구마 장수에게 뜨거운 고구마를 한 봉지 사면, 온 가족은 금세 행복해졌어요.
　가족들과 휴가를 다녀오면 엄마는 제 손을 잡고 사진관에 가서 휴가 때 찍은 사진들을 인화했어요. 요즘 카메라는 사진을 찍으면 파일로 저장을 하지만, 옛날 카메라는 필름을 넣고 사진을 찍었기 때문에 사진관을 찾아가야 했지요. 엄마는 그 사진들을 앨범에 차곡차곡 넣어 두었어요.
　내가 어렸을 때 만났던 트램펄린의 주인아저씨와 군고구마 장수, 필름 카메라의 사진을 출력해 주던 사진관들은 어디로 갔을까요? 요즘은 많은 친구들이 키즈 카페에서 뛰어 놀아요. 군고구마는 편의점에서 살 수 있지요. 휴대 전화로도 쉽게 찍을 수 있는 사진은 집에서도 출력이 가능해요.

　많은 사람들이 스마트폰을 사용하게 되면서 생활이 무척 편해졌어요. 극장에 갈 때에는 영화표 예매도 할 수 있고요. 영화표를 출력하지 않고도 영화관에 입장을 할 수 있어요. 마트에 가지 않아도 물건들을 사고 배달을 받을 수 있고요. 스마트폰에게 말을 하면, 친구에게 연락을 해 준다거나 커피 전문점에 주문을 넣어 주기도 하지요. 그런데 여러분 그거 알아요? 스마트폰이 처음 등장한 지 불과 10년 정도의 시간 밖에 흐르지 않았다는 사실을요.

　세상은 정말로 빠르게 변하고 있어요. 제가 어렸을 때와 지금을 비교해 봐도 많은 것이 달라져 있지요. 이 책을 읽은 여러분이 어른이 됐을 때는 얼마나 많은 것들이 달라져 있을까요? 어떤 직업들이 사라지고, 어떤 직업들이 생겨날까요? 여러분은 나중에 어떤 일을 하며 살게 될까요? 환이의 하루가 여러분들의 궁금증에 도움이 되었으면 좋겠어요.

'동화 작가'라는 직업이 참 마음에 드는
글쓴이 **박주혜**

다 같이 돌자 미래 직업 한 바퀴

1판 1쇄 발행 | 2018. 10. 26.
1판 4쇄 발행 | 2024. 7. 1.

박주혜 글 | 이경석 그림

발행처 김영사
발행인 박강휘
등록번호 제 406-2003-036호 | **등록일자** 1979. 5. 17.
주소 경기도 파주시 문발로 197(우10881)
전화 마케팅부 031-955-3100 편집부 031-955-3113~20 | **팩스** 031-955-3111

ⓒ 2018 박주혜 이경석
이 책의 저작권은 저자에게 있습니다. 저자와 출판사의 허락 없이 내용의 일부를 인용하거나 발췌하는 것을 금합니다.

값은 표지에 있습니다.
ISBN 978-89-349-8372-9 77300

좋은 독자가 좋은 책을 만듭니다. 김영사는 독자 여러분의 의견에 항상 귀 기울이고 있습니다.
전자우편 book@gimmyoung.com | 홈페이지 www.gimmyoungjr.com

이 도서의 국립중앙도서관 출판시도서목록(CIP)은 서지정보유통지원시스템 홈페이지(http://seoji.nl.go.kr)와 국가자료공동목록시스템(http://www.nl.go.kr/kolisnet)에서 이용하실 수 있습니다.
(CIP제어번호 : CIP2018031680)

| **어린이제품 안전특별법에 의한 표시사항** | **제품명** 도서 **제조년월일** 2024년 7월 1일
제조사명 김영사 **주소** 10881 경기도 파주시 문발로 197 **전화번호** 031-955-3100 **제조국명** 대한민국
사용 연령 8세 이상 ⚠**주의** 책 모서리에 찍히거나 책장에 베이지 않게 조심하세요.